Y0-AZF-337

¿De dónde viene?

Del tomate a la pizza

por Penelope S. Nelson

Bullfrog en español

Ideas para padres y maestros

Bullfrog Books permite a los niños practicar la lectura de textos informativos desde el nivel principiante. Las repeticiones, palabras conocidas y descripciones en las imágenes ayudan a los lectores principiantes.

Antes de leer
- Hablen acerca de las fotografías. ¿Qué representan para ellos?
- Consulten juntos el glosario de las fotografías. Lean las palabras y hablen de ellas.

Durante la lectura
- Hojeen el libro y observen las fotografías. Deje que el niño haga preguntas. Muestre las descripciones en las imágenes.
- Léale el libro al niño o deje que él o ella lo lea independientemente.

Después de leer
- Anime al niño para que piense más. Pregúntele: ¿Alguna vez has preparado una pizza en casa? ¿Qué le pusiste?

Bullfrog Books are published by Jump!
5357 Penn Avenue South
Minneapolis, MN 55419
www.jumplibrary.com

Copyright © 2021 Jump! International copyright reserved in all countries. No part of this book may be reproduced in any form without written permission from the publisher.

Library of Congress Cataloging-in-Publication Data

Names: Nelson, Penelope, 1994– author.
Title: Del tomate a la pizza / Penelope S. Nelson.
Other titles: From vine to pizza. Spanish
Description: Minneapolis: Jump!, Inc., 2021.
Series: ¿De dónde viene? | Translated from English.
Audience: Ages 5–8 | Audience: Grades K–1
Identifiers: LCCN 2020022468 (print)
LCCN 2020022469 (ebook)
ISBN 9781645276975 (hardcover)
ISBN 9781645276982 (paperback)
ISBN 9781645276999 (ebook)
Subjects: LCSH: Tomatoes—Juvenile literature.
Tomato sauces—Juvenile literature.
Pizza—Juvenile literature.
Classification: LCC SB349 .N4413 2021 (print)
LCC SB349 (ebook) | DDC 635/.642—dc23
LC record available at https://lccn.loc.gov/2020022468
LC ebook record available at https://lccn.loc.gov/2020022469

Editor: Jenna Gleisner
Designer: Anna Peterson
Translator: Annette Granat

Photo Credits: Iurii Kachkovskyi/Shutterstock, cover (left); stockcreations/Shutterstock, cover (right); Zigzag Mountain Art/Shutterstock, 1, 18–19, 22bm; Maks Narodenko/Shutterstock, 3; StockImageFactory.com/Shutterstock, 4; Kwangmoozaa/Shutterstock, 5, 22tl, 23br; Volkova/Shutterstock, 6–7; Nick David/Getty, 8–9; Shutterstock, 10–11, 12, 23bl; arrideo/Shutterstock, 13, 22tr, 23tr; Rimma_Bondarenko/iStock, 14–15, 23tl; BW Folsom/Shutterstock, 16, 22br; Nagy-Bagoly Arpad/Shutterstock, 17; glenda/Shutterstock, 20–21, 22bl; Brenda Carson/Shutterstock, 24.

Printed in the United States of America at Corporate Graphics in North Mankato, Minnesota.

Tabla de contenido

La salsa roja	4
De los tomates a la mesa	22
Glosario de fotografías	23
Índice	24
Para aprender más	24

La salsa roja

¡A Max le encanta la pizza!

¿De dónde viene la salsa?

tomate

racimo

¡De los tomates!
Los tomates en racimos crecen en plantas.

¡Ellos se convierten en salsa!

¿Dónde?

La salsa se hace en las fábricas.

fábrica

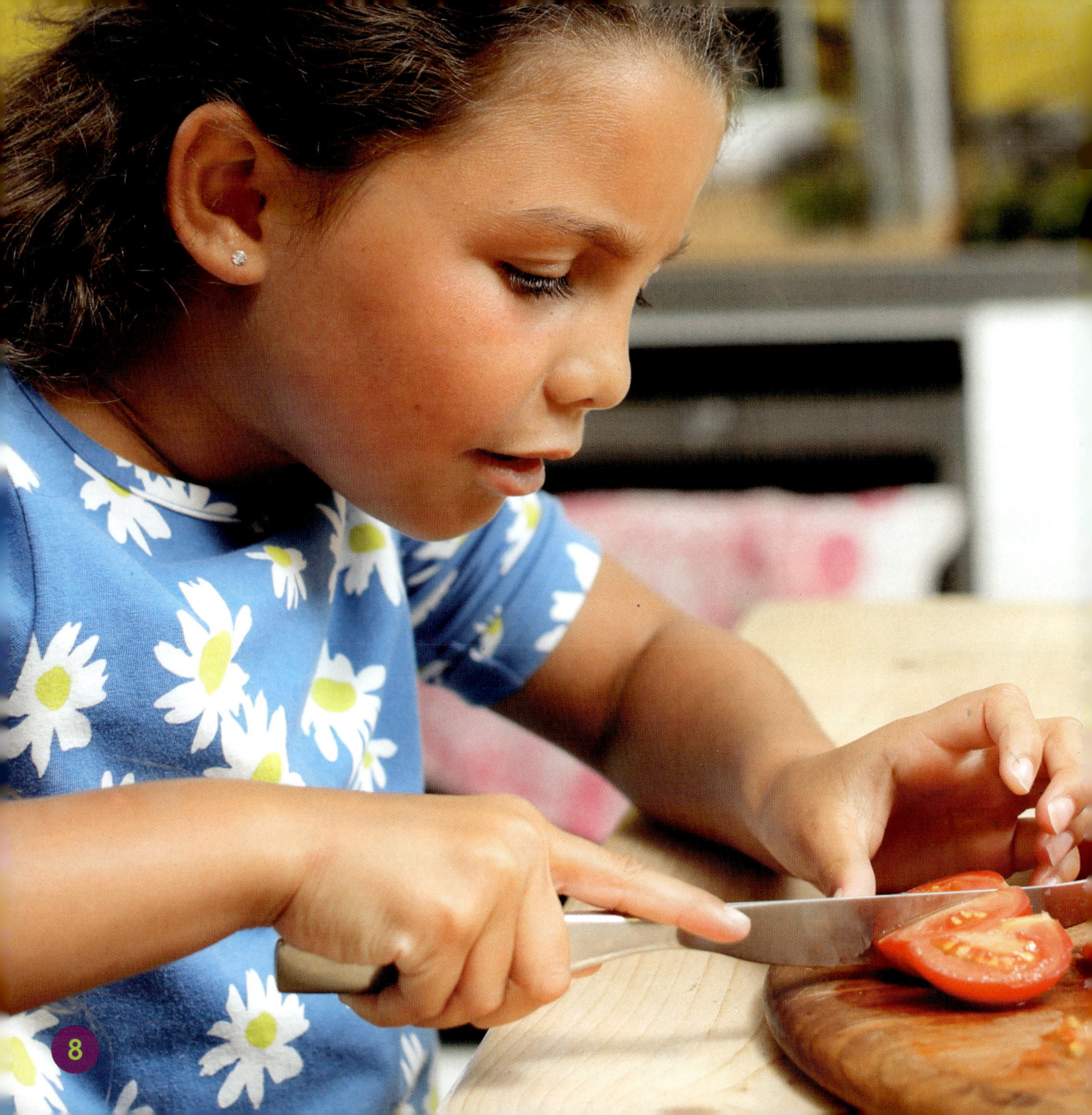

¡También la podemos hacer en casa!

¿Cómo?

Primero, cortamos los tomates.

Las cebollas le añaden sabor.

El ajo también le añade sabor.

Los ponemos en una sartén.

cebolla

sartén

ajo

¡Añadimos los tomates!

12

burbuja

La salsa hierve.
¿Ves las burbujas?
¡Qué chévere!

albahaca

Añadimos las hierbas.

La albahaca es una de ellas.

Dejamos que se cocine.
Ella se vuelve más espesa.

**Mac la prueba.
¡Mmm!**

La ponemos en frascos.

¡Podemos comerla más tarde!

frasco

20

¡Preparamos pizza!
La salsa va primero.
Carla le añade queso.
¡Mmm!

De los tomates a la mesa

¿Cómo se convierten los tomates en salsa, y cómo se usa la salsa después para preparar pizza?

1. Los tomates en racimos crecen. Los recolectamos.

2. Se cortan los tomates y se hierven junto con las cebollas, el ajo, las hierbas y especias.

3. Se cocina la salsa hasta que se espese.

4. Se coloca la salsa en frascos.

5. ¡Se les pone la salsa a las pizzas!

Glosario de fotografías

hierbas
Plantas o partes de plantas que se utilizan al cocinar para añadir sabor.

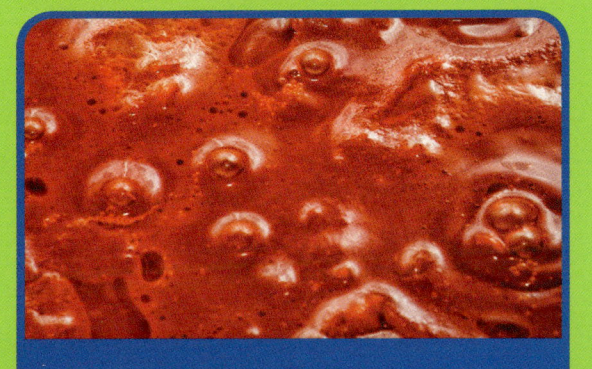

hierve
Se calienta hasta el punto en que salen burbujas.

sabor
Gusto.

tomates en racimos
Un grupo de tomates, sostenidos en un mismo tallo, que crecen en plantas trepadoras o a lo largo de la tierra.

Índice

ajo 10
casa 9
cebollas 10
cortamos 9
fábricas 6
frascos 18
hierbas 15
hierve 13
pizza 4, 21
racimos 5
salsa 4, 6, 13, 21
tomates 5, 9, 12

Para aprender más

Aprender más es tan fácil como contar de 1 a 3.

❶ Visita www.factsurfer.com
❷ Escribe "deltomatealapizza" en la caja de búsqueda.
❸ Elige tu libro para ver una lista de sitios web.